AF579994

CUANDO TUS OJOS LLUEVEN Y LA NOCHE PASA

Poesía

Editorial Primigenios

CUANDO TUS OJOS LLUEVEN Y LA NOCHE PASA

POESÍA

PEDRO CARBALLO

EDITORIAL PRIMIGENIOS

Primera edición, Miami, 2022

© De los textos: Pedro Carballo
© Del texto de contracubierta: Eduardo René Casanova Ealo
© De la presente edición: Editorial Primigenios
© Del diseño: Eduardo René Casanova Ealo
© De la ilustración de cubierta e interiores: Pedro Carballo
ISBN: 9798356040313

Edita: Editorial Primigenios
Miami, Florida.
Correo electrónico: editorialprimigenios@yahoo.com
Sitio web: https://editorialprimigenios.org

Edición y maquetación: René Fuetes y Eduardo René Casanova Ealo

Queda rigurosamente prohibida, sin autorización escrita de los titulares del *Copyright*, bajo sanciones establecidas por las leyes, la reproducción total o parcial de esta obra por cualquier medio o procedimiento, comprendidos, la reprografía y el tratamiento informático.

I

Cuando tus ojos llueven

Encuentros

En silencio
curiosas las palabras
vienen a mí.

En la penumbra
miran
se asoman.

En silencio
preparo el desayuno
abro las ventanas
de la mañana,
del poema,
de la vida.

Ahora y aquí
están conmigo,
estoy conmigo,
vienen a mí,
al poema.

Y toda, toda la vida.

Las palabras

Hay palabras jugosas.
Otras cambian de color
según la emoción o el trino.

Otras tienen aromas.
A veces es del cielo,
a veces del amor, a veces
del silencio o del viento.

Hay palabras en bicicleta.
Otras remontan cometas,
cometen asesinatos,
van a la guerra.

Algunas se comen o las comen.
Y recorren la garganta sin dificultad
o producen atascos en las horas pico.

Hay palabras como rocas.
Calladas, cerradas. Monolíticas.
Hay palabras sanadoras, protectoras.

Palabras ocultas. Maliciosas.
Hay palabras que abren el día
y otras que cierran la noche.

Hay palabras que arden mejor que un leño.
Otras golpean más fuerte que un garrote.
Palabras nutritivas y otras venenosas.

Hay palabras que caminan,
vuelan o navegan en el alma.
Hay palabras reunidas junto al fuego,
inefables, mirando las estrellas.

CARBALLO 2016

RECOBROS

Ella vino una tarde
de hojas marchitas
de sol maduro y distante.

Primero dejó un cepillo de dientes
otro día ropa interior.

Y me hundí
en fosas submarinas.
Las más profundas,
las más antiguas,
las más tranquilas.

Con ojos y oídos nuevos.

Precaución

El problema del amor es enamorarse.
Cuando todo es claro, liviano
y la luna sonríe fuera del auto.

Cuando el chocolate te deja un sabor
en todo el cuerpo
y nadie entiende esa sonrisa boba
que anda contigo.

Entonces el dolor aparece
se nota la ausencia, la sed, la soledad.

No queda otra opción
que abrir la puerta de la heladera
y poner el corazón ahí
hasta que pase el peligro.

ALTURAS

El gigante
en una montaña,
allá sentado,
llora.

Todo
todo lo ve
desde las alturas:
praderas,
desiertos,
pisadas,
selvas,
cascadas.

Y cuando se apaga el día
llena sus ojos de estrellas
y estira sus manos y toca la luna.

Luego
los ríos de la noche
escapan.

Acuarela

Azul
como lluvia,
como gota.

Trazos
sobre el tejado.

La luna,
un gato.

Un maullido largo
salpicando estrellas.

ATRÉVETE

Atrévete a mirar la muerte.
Sube lo más alto que puedas.

Ve despacio,
canta,
canta desde los pulmones,
vibra con ternura.

Recuerda
que eres un trozo
de la divinidad.
No te detengas
para ser silencio.

Los segundos andan descalzos,
sigilosos, traviesos.

Ya es hora de tomar el té.

Batucada

Llueve, apago la radio.
Llueve para escuchar otra música.

Llueve. La mejor, la mejor de las músicas
y los músicos ya caen cielo,
con sus manitas pequeñas
sobre el techo de chapa.

Llueve. Diez, cien, mil
y el agua dulce de la lluvia
pica y repica sobre mí.

Corona de manzanillas

Clavado en el silencio
un dolor
con olor a fresas.

Hilos de luna
en una cabeza
como corona de manzanillas
entonan una canción.

Y ese dolor
con olor a fresas
levanta los ojos
transparentes
hacia el cielo.

Con olor a fresas,
con olor a fresas
sonríe
en la edad del sol.

LA VIDA

Escucho la llamada
pero aún
no sé de dónde
ni de quién.

La noche es vasta,
llena de promesas.

Con los ojos bien abiertos
y el corazón dispuesto
me regocijo en esta espera.

En este instante
se escribe el presente.
Aún no sé bien
a dónde voy,
dónde estoy,
qué soy.

Me acomodo, me celebro.
Soy habitante de los vientos,
las cumbres,
los mares tremendos.

CARBALIO.

Túnica en el viento

Venían los pies
desnudos sobre las piedras.
Venían con la palabra
recién nacida.
Atrás brotaba la hierba,
el viento cantaba,
el sol reía.

Venían los pies
transformando.
Y eran las manos
dos palomas tibias.
Eran dos cuencos de agua
aguardando la lluvia
con paciencia.

Y venían los ojos
con distancias,
con distancias y certezas,
con ternura y dolor,
con esperanza.

Venía el olor de su cabello.
El sudor del cuerpo, venía.
Venía la noche. Y en ella
la sangre, los clavos,
el sudor de sus lamentos.

PENA

Trémula
ángel o demonio
ninguno o ambos a la vez.

Tejes de intrigas la noche,
tu carne blanca para los desheredados,
para los herejes sin alma.

Tu corazón
aletea
en lo oscuro
solo.

Brotes de otoño

Una mordida a la fruta
con aromas y tactos breves.

Jugar este juego cada tarde,
ser el fuego, como hace tanto
sin perder la calma.

Mientras, el momento
extiende sus alas
y levanta vuelo.

Cementera

La cementera está abierta.

Los camiones cargados
de bolsas llenas de ideas
grises y polvorientas.

El viento el tiempo y otros
han pisado las flores,
han metido el hocico
hasta la raíz.

Han dividido
cielo y tierra,
bosque y mañana,
luna y olvido.

La cementera
rellena fierros
huesos
aire
sol.

LA JAULA

La piel se confunde con los hedores,
con otras manos sin ojos
que intentan comprender la oscuridad.

En el oído la respiración,
el latido extraño,
el espacio que no alcanza,
el aire pesado.

Lo peor
son las voces sin dueño
que se mezclan,
que deambulan,
que no entienden.

Sin escapatoria
hundidas en la carne,
mueren allí.

Caída libre

Borbotones de latas
oscuras, tiradas.

Racimos de esquinas
quebradas, taciturnas.

Papeles sin letras
manchados, que vuelven.

Chillidos de ratas fugaces.
Ladridos con hambre de sueños.

Lamentos que el viento
sin ojos recoge.

Fragmentos del sol
en cada naranja.

Cuando tus ojos llueven
y la noche pasa.

Atardecer

Hoy, ahora
no hay mejor momento.

Siempre se trató
de estar aquí,
en este lugar.

Quédate
en este silencio,
en este aroma,
en esta mirada.

Quédate
hasta que la sed transmute
y el milagro suceda.

Otro nacimiento ocurrirá.

Otro camino se mostrará.

Aquí las lejanías,
las aventuras,
aquí la senda.

Deja la ropa
junto a las rocas,
entra al agua,
cierra los ojos.

Baila.

II

Y LA NOCHE PASA

Cada noche

Hay una casa sobre la loma
con las venas abiertas
el sol no la visita.

Tiene una herida
donde grita la noche
y los recuerdos
no encuentran retorno.

En el patio es otoño.
Hay un naranjo
con el tronco negro
que hace tiempo
no da hojas ni flores
y tiene
las ramas como dedos
hacia el cielo.

Hay una casa
que hasta la tormenta evita.
Allá, sobre la loma
hay un árbol sin hojas
y en el fondo un pozo
con el que no se atreve
ningún sonido…

Hay una casa sobre la loma
con las venas abiertas
en la maleza
olvidada

con un pozo lleno de golpes
y un árbol sin nidos.

Y dentro de la casa
en un rincón,
un llanto.

PARADIGMA

—Escúchame.
—Te escucho.
—¿Oyes al viento?
—Oigo las olas rompiendo.
—¿Ves la mirada triste de la luna?
—Veo el silencio de sus ojos, siento
sus pálidos latidos en mi cuello.
—Acércate. Acércate más.
Mira hacia el fondo.
—Aquí estoy.
Aquí con la luna,
aquí con el silencio.

Momentos

Un café
como la noche
intenso, amargo.

Un café y los misterios
como tu mirada
y la promesa de la lluvia
afuera en los charcos.

Un café y las almas
bajo los paraguas.

Los autos, los edificios
y tal vez otro café
amargo, intenso
como tu mirada.

MATE

Amargo el mate
a la luz de la luna.

Las luciérnagas
juegan a la mancha
entre los pinos.

Se escucha la voz del mar
hay olor a monte,
a leña quemada,
largo y fino chilla la pava.

Sobre el fuego
las sombras bailan,
suena la bombilla,
regusto en el alma.

Bajo los pinos
las sombras, la luna
un mate desterrando fantasmas.

Categorías

Un huevo en la noche
sigue siendo un huevo.

Un coche cero kilómetro
brillante, colorido
es un coche nuevo.

Pero una araña en su tela,
esperando, tratando de atrapar la luna...
O un elefante asaltando la heladera,
sin que nadie, nadie se dé cuenta
eso es otro queso.
Gruyere, parmesano...
No sé, otro queso.

Es hora de abrir los ojos.

Paisajes rotos

I

No hay donde esconderse
cuando el silbido se lleva
los paseos en bicicleta,
las recetas de la abuela,
las tardecitas de pesca.

No hay donde esconderse
cuando la noche se llena de fogonazos
y las serpientes caen del cielo.

II

Por el ojo de un alfiler
hilo de seda
desierto
silencio
extenso mar.

Por el ojo de un alfiler
imperios guerras
hospitales cementerios.
Sobre el barro camino.
Orina, sangre, pólvora.

En el bosque
crujidos, susurros,
un silbido de águila en las alturas.

Cenizas, escombros.

III

Me detengo y miro hacia atrás.

No hay nada,
no hay nada.

Y sigo.

ECOS

Ladra
con cada diente
con cada pelo erizado de su lomo.
Ladra su aliento,
su cadena amarrada a un sueño
y allí la luna, la lluvia de otoño
los niños que cantan.

Ladra,
rompe el espejo del lago.
Y aquí
la sonrisa de la abuela,
su gorra de lana,
su arco iris tejido
de flor en flor.

Ladra,
mueve la cola,
sonríe.
Su ocio húmedo
y sus orejas al viento.

Ladra
y en cada salto
atrapa el sol.

Fútbol

El estadio alumbra el cielo.
La pelota explota en la red.
El grito ahoga la garganta.
Ruge la tribuna.
Treinta mil festejan.
Treinta mil maldicen.

La pelota vuelve a rodar.
¡Qué patadón! Vocifera el relator.
El juez pita, llama al futbolista.
¡Amarilla! ¡La próxima es roja!
Pitazo final. Fuegos artificiales,
gritos, alegría, alcohol.

Un poco más allá
apenas un poco más,
es la misma noche pero otra
llena de gritos, explosiones, corridas.

Un poco más allá,
apenas un poco más, caen edificios,
monumentos, templos, escuelas.

Treinta mil huyen.
Treinta mil atacan.
La ciudad sangra,
no tiene luz ni agua.
En esta noche ciega
pierden todos.

Anhelo

Esa arboleda es carbón
entre escombros.
Carbón de oscura melena.
Huele a goma quemada
a dolor, a gritos,
a flores pisoteadas.

Las palomas no vuelven
a los nidos quemados.
No les gustan las serpientes en el cielo
el cielo herido, el sol escondido
en humo y lamentos.

Ojalá llegue la lluvia.
El viento verde.
La sombra fresca.

Guitarrero

El aire
el silencio
las sombras
el olvido.

Un nombre
otro hombre
la luna
un dolor.

El aire
el silencio
una guitarra
un rincón.

Unas manos
que no están.
En el viento
un latido partido.

Vibraciones

Escuchar

el silencio
las estrellas
el mar olvidado

escuchar

las tripas
el corazón
la sangre imparable

escuchar

el paso del tiempo
las miradas
un hueco del alma

escuchar

cómo amar
cómo estar en el otro
recordando
perdonando

sin pensar
sin decir

mientras
estoy y sigo.

Andanzas

I

Hoy no quiero apartar la vista
ni mirar para otro lado.

Hoy no quiero una sonrisa escapista
ni equilibristas con redes.
Quiero entrar en la jaula del león,
pelearme con los payasos,
desafiar al lanzador de cuchillos,
bailar en la cuerda floja,
sostener tu mirada
hasta encontrarnos.

II

Andan palabras por ahí
imágenes, sensaciones,
mariposas, cometas.

Andan el viento unas manos.
Andan hojas de otoño y la luna.

Andan niños corriendo.
Anda el mar, anda
el mate de un paisano
escuchando al monte.

III

Andan la risa de mi padre
el olor del cabello de mi madre
la voz de mi hijo.

Andan mi infancia
las guerras, el dolor
la humedad de este día,
la humanidad como puede.

Y andan y andan
unas letras curiosas
un poema errante.

Yo, amor fijo.

AMARGOR

El golpe
retumba
en el filo de la noche

se repite
una otra
y otra vez

el caballo sin ojos
galopa
entre espinas

sangran
sus cascos

las gotas
caen al vacío
salpican

dolor
miedo
rabia

martillazos en la tormenta
olas de la escollera
y el clavo se hunde

rajando
rompiendo
sellando

cerrando
lo que aún queda

quieto
en la tierra muerta
el ataúd.

Nostalgia

La palmera
en medio de la tarde pálida
la risa y las voces
la campana de salida.

Ahora soy quien los ve
preparar sus alas.

Ahora que soy otoño
aun salto la cuerda
corro y me escondo
detrás de un árbol.

Ahora que solo quedan
el patio vacío
y las últimas canicas
de aquel corazón.

Jardín japonés

I

Lanzo guijarros al estanque
escribo mis notas
respiro.

El estanque se aquieta
el sauce peina su reflejo.

Se acercan mariposas.

Lanzo otra piedra
rompo el silencio

ondas concéntricas
se alejan.

Respiro.

II

Hay olor a musgo
a jazmín
a misterios.

Hay ojos pequeños
en la maleza.

El aire
mira sobre mis hombros
sonríe y se aleja.

Vuelvo a mis notas.

Respiro.

Mendigo

Roto de sueños
de la vida roto
de tan roto
sonrío
y sobre mí mismo
giro
como si nada.

No pasa el río
no pasa la luna
no pasan los aromas
ni las caricias.

Cae la noche
y roto vuelvo
a mis trapos.

El frío de la vereda
quema.

Hilos de seda

El cielo
un árbol

una mirada
una caricia
una sonrisa

la brisa
un vino
un paisaje

mis tripas
mis huesos
mi sangre

el silencio
los sonidos

y mi alma amanecida
de pájaros y vientos.

CARBALLO.

Momentos

Mi mano
abre el torrente.

Cae el agua
transparente
limpia.

La miro
me mira
ríe tan fina
caliento un jarro
preparo un té.
Somos
manzanilla y canela
y un poco de miel.

Abismos y cimientos

I

En una arista del tiempo
cae perpendicularmente
la credibilidad.

II

Sin prisa
los misterios abren sus párpados
aletean como polillas
con tibio aroma a limón.

III

En un rincón de la noche
el silencio descubre
círculos blandos
pompas burbujas.

Ya no es como antes
ya no es como ahora
ya es como nunca
fue o será.

El límite se desvanece
en cada hoja de otoño,
en cada rayo del verano,
en cada gota de cielo
que viene y va.

IV

En otra arista del tiempo
el filo de la noche abre
un tajo en el espacio.
Y una sandía jugosa ríe
sonríe, siente cosquillas
en su corazón.

V

Las estrellas
los berberechos
la arena
el salobre mar

la tranquilidad del lago
el sueño del viento
la cara de la luna
la melena del sol

caen del silencio
y caen
y caen

hasta el principio de los tiempos
más allá de la desesperación.

Sea

Que la lluvia caiga
que se lleve las lágrimas y las cargas,
que el agua limpie las heridas,
que se formen flores en el piso,
que la tormenta se diluya
en los ojos de la lluvia
y que llegue el amanecer
despacio
sin importar el tiempo.

Quema

Sirvo una cerveza
sube la espuma
se desborda
el corazón palpita
sobre el mantel blanco.

Los ojos suben la apuesta
otra cerveza
choca el mar
contra el acantilado.

Hoy te miré diferente
y lo notaste.

Me hubiera quedado a vivir
en ese encuentro entre las olas.

Noria

La rama seca
se parte con chasquido.

La oscuridad crece
a la sombra.
Es el miedo quien cruje
debajo de la piel.

Un brote
un hálito de luz
y un trazo del mar
pueden devolver
las flores a la rama
el aroma a la tarde
la cadencia al aire.

Un alarido quiere volar
pero cae sobre las piedras
se levanta
se vuelve a levantar
vuelve a los cielos.

La rama seca
parte
a lejanías.
No volverá.

La noche ha concluido.

Del autor

Pedro Emilio Carballo Llambí. 1966, Montevideo, Uruguay. Doctor en Medicina, Terapeuta gestáltico, guardavidas.

Pintor y escritor de vocación, *Cuando tus ojos llueven y la noche pasa* es su primer cuaderno, completamente ilustrado por él.

Índice

EDITORIAL PRIMIGENIOS
CORPUS LÍRICO DE UNA NACIÓN

www.ingramcontent.com/pod-product-compliance
Lightning Source LLC
LaVergne TN
LVHW082252150826
845677LV00009B/1607

* 9 7 9 8 3 5 6 0 4 0 3 1 3 *